강감찬

강감찬

한정기 글 이홍기 그림

비룡소

강감찬은 948년 지금의 서울시 관악구 봉천동인 금주에서 태어났어요. 고려가 세워진 지 삼십 년이 지나, 세 번째 왕인 정종이 나라를 다스릴 때였지요.

강감찬의 어릴 때 이름은 은천이었어요. 은천이는 또래 아이들보다 유난히 키가 작고 몸집이 조그마했어요. 얼굴은 거무스름한 데다 여기저기 얽은 자국이 있어서 볼품없었지요.

동네 아이들은 툭하면 은천이를 놀려 댔어요.

"땅꼬마 강은천! 곰보딱지 강은천!"

으앙, 다시는 안 그럴게.

"비겁하게 남의 얼굴 갖고 놀리지 말고, 힘으로 이겨 보란 말이다!"

은천이는 더 이상 참지 못하고 자신을 놀리는 아이에게 덤벼들었어요. 순식간에 상대를 바닥에 쓰러뜨린 은천이는 배에 올라타 두 팔을 꽉 눌렀어요. 밑에 깔린 아이가 빠져나오려고 아무리 힘을 줘도 꿈쩍도 하지 않았지요. 은천이가 덩치는 작아도 힘은 보통이 아니었거든요.

"또 생긴 걸 갖고 놀릴 테냐?"

얼굴이 벌게진 아이가 고개를 마구 저었어요. 은천이는 그제야 손의 힘을 풀었어요. 그 뒤로는 아무도 은천이를 놀리지 않았지요.

은천이는 친구들과 전쟁놀이를 자주 했어요. 나무칼을 들고 칼싸움도 하고, 편을 갈라서 마을 이곳저곳을 뛰어다니기도 했지요.

하루는 작은 개울을 사이에 두고 아랫마을 아이들과 전쟁놀이를 하게 되었어요. 덩치 좋고 힘센 칠복이가 큰 소리로 말했어요.

"개울을 건너서 아랫마을 놈들을 단숨에 무찌르자!"

그러자 은천이가 칠복이의 말에 반대하고 나섰어요.

"안 돼! 저쪽은 우리보다 수가 훨씬 많아. 무작정 공격하기보다는 상대의 허점을 노려야 해."

"아유, 이 콩알만 한 게……. 야, 메주. 넌 가만히 입 다물고 있어!"

칠복이가 씩씩거리며 말했어요.

"싸움은 덩치 크고 잘생겼다고 이기는 게 아니야."

은천이가 당차게 말하고는 친구들을 돌아보았어요.

"개똥이, 삼식이, 달봉이는 개울을 건너가서 큰 바위 뒤에 숨어 있어. 나중에 내가 신호를 보내면 공격하면 돼. 나머지는 모두 나를 따라와!"

은천이는 친구들과 함께 수풀 속에 숨어 아랫마을 아이들을 지켜봤어요.

잠시 후 아랫마을 아이들이 조심조심 개울을 건너기 시작했어요. 갑자기 은천이가 벌떡 일어났어요.
"지금이야! 공격해!"

수풀 속에서 은천이와 친구들이 한꺼번에 몰려나오자, 아랫마을 아이들은 깜짝 놀랐어요. 은천이는 그때를 놓치지 않고 소리쳤어요.

"개똥아, 이때야! 뒤를 막아!"

바위 뒤에서 개똥이, 삼식이, 달봉이가 뛰어나왔어요. 아랫마을 아이들은 순식간에 은천이네에 완전히 에워싸였지요.

"아이코, 큰일 났다!"

아랫마을 아이들은 제대로 싸워 보지도 못하고 우왕좌왕 도망치기에 바빴어요.

"와, 우리가 이겼다! 꽁지 빠진 강아지처럼 도망가는 꼴 좀 보라지. 하하하!"

"은천이 대장 만세!"

아이들이 은천이를 둘러싸고 만세를 불렀어요.

은천이는 아버지처럼 큰일을 하는 훌륭한 사람이 되고 싶었어요. 은천이의 아버지 강궁진은 왕건을 도와 고려를 세우는 데 큰 공을 세웠지요.
　은천이는 매일 이른 아침부터 열심히 무예를 익혔어요. 칼, 창 같은 무기 다루는 법은 물론 주먹질, 발길질, 말달리기까지 은천이는 못하는 게 없었어요. 글공부도 게을리하지 않았어요.

훗날 큰일을 하려면 무예뿐 아니라 글공부도 게을리해서는 안 된단다.

그 무렵 고려의 북쪽에서는 거란족이 세운 요나라가 크게 힘을 떨치고 있었어요. 원래 거란족은 가축을 기르며 이곳저곳을 떠돌아다니는 유목 민족이었는데, 야율아보기라는 뛰어난 왕이 나타난 뒤 중국 대륙의 송나라와 고려를 넘보기 시작했어요.

은천이의 아버지는 거란족 때문에 걱정이 많았어요.

"거란이 호시탐탐 우리나라를 노리고 있으니 큰일이구나. 은천아, 부지런히 실력을 갈고닦아서 나라가 어려울 때 힘을 보태야 한다."

아버지의 말을 들을 때마다 은천이는 고려에 꼭 필요한 용감하고 지혜로운 사람이 되겠다고 다짐했어요.

은천이가 열일곱 살 무렵, 아버지가 돌아가셨어요.
　은천이는 아버지의 말에 따라 개경(지금의 개성)으로 김장길이라는 어른을 찾아갔어요. 고려의 수도인 개경은 은천이가 나고 자란 금주보다 훨씬 크고 사람들로 북적였지요.

김장길은 대문 밖까지 나와 은천이를 반갑게 맞았어요.
"오! 네가 강궁진의 아들, 은천이로구나."
은천이는 김장길의 양아들이 되었어요. 이름도 강감찬으로 바꾸었어요.

김장길의 도움으로 강감찬은 여러 선생님들 밑에서 글과 무예를 배우고 익혔어요. 강감찬의 글솜씨와 무예 실력은 나날이 늘었지요.

그러던 어느 날, 김장길이 넌지시 물었어요.

"그만하면 글도 무예도 나무랄 데가 없다. 과거를 보아 벼슬길에 나서는 게 어떻겠느냐?"

하지만 강감찬은 따로 생각하는 바가 있었어요.

"바른 정치를 하려면 백성들이 사는 모습부터 살피는 게 옳다고 생각합니다. 과거를 보기 전에 세상일을 두루 공부하고 싶으니 허락해 주십시오."

공자 왈 맹자 왈.

눈빛이 예사롭지 않다 했더니…….

강감찬은 집을 떠나 나라 안을 두루 돌아다녔어요. 사람들로 북적이는 시장에서부터 아무도 살지 않는 깊은 산속까지, 고려 구석구석을 누비고 다녔지요.

어느 겨울밤, 강감찬은 하룻밤 묵을 곳을 찾았어요. 세상을 떠돈 지도 어느덧 십여 년이 흘렀을 때였지요.

"주인장 계시오! 지나가는 나그네인데 하룻밤 묵을 수 있겠소?"

다 쓰러져 가는 초가집의 주인은 선뜻 강감찬을 맞아들였어요. 방 안에는 쌀 한 톨 섞이지 않은 꽁보리밥에 시래기나물, 멀건 국이 전부인 밥상이 차려져 있었어요.

"때를 잘 맞추었소. 같이 한 술 뜹시다."

주인은 아내와 자기 밥그릇의 밥을 덜어 강감찬에게 나누어 주었어요.

 '자기들이 먹을 것도 넉넉하지 않은데 생전 처음 보는 사람에게 밥을 나누어 주다니…….'
 강감찬은 벼슬길에 나가 착하고 순박한 백성들을 위하는 관리가 되기로 마음먹었어요.

강감찬은 서른여섯 살에 과거에 합격해, 양주(지금의 서울과 경기도 양주 일대)를 다스리는 목사가 되었어요.

 그 무렵 양주에는 호랑이가 내려오는 일이 잦았어요. 호랑이는 가축뿐 아니라 어린아이들도 마구 물어 갔지요. 양주 사람들은 새로운 목사가 호랑이를 없애 주기를 바랐어요. 그런데 작달막한 강감찬이 새 목사로 오자 크게 실망했지요.

 "휴, 앞으로는 호랑이가 더 난리를 치겠군."

 "기운이 장사인 목사가 와서 호랑이를 싹 없애 주기를 바랐더니……. 이거야 원!"

 여기저기서 마을 사람들이 걱정스레 수군대는 소리가 들렸어요.

어흥~

강감찬은 아무 말 하지 않고, 사람들을 시켜 마을 주변의 나무를 모두 베어 냈어요. 그러고는 활 잘 쏘는 사냥꾼들을 모아 곳곳에 덫을 놓고 함정을 팠어요.

"근래에 호랑이가 들끓어서 피해가 많다고 들었소. 이제 호랑이를 모두 잡아들여 양주를 살기 좋은 마을로 만들 것이오."

호랑이가 나타나자 사냥꾼들이 일제히 활을 쏘았어요. 강감찬도 뛰어난 활 솜씨를 뽐내며 호랑이를 잡았지요.

호랑이를 잡은 뒤 나무를 베어 낸 벌판은 잘 일궈서 농사를 짓도록 했어요. 호랑이도 잡고, 농사지을 땅도 얻은 양주 사람들은 입을 모아 강감찬을 칭찬했지요.

"우리 목사님은 정말 하늘이 내리신 분이야. 목사님 덕분에 이렇게 배불리 먹고살 수 있게 되었으니 말이야!"

강감찬의 말대로 양주는 점점 살기 좋은 마을이 되었어요. 인구도 갑절이나 늘었지요.

강감찬이 마흔여섯 살 때, 거란의 장군 소손녕이 군대를 이끌고 고려에 쳐들어왔어요. 소손녕은 거란이 고구려의 후예라며 고구려의 옛 땅을 모두 내놓으라고 억지를 부렸지요.

거란군의 기세에 겁을 먹은 고려 대신들은 서경(지금의 평양) 위쪽 땅을 내주고 전쟁을 피하자고 주장했어요. 그때 고려의 지휘관 중 한 명인 서희가 소손녕을 설득하겠다고 나섰어요.

소손녕을 만난 서희는 당당하게 말했어요.

"고구려를 이은 나라는 거란이 아니고 고려요. 이름만 봐도 알 수 있지 않소. 거란이야말로 고구려의 옛 땅을 내놓아야 할 것이오!"

서희는 거란에 사신(임금의 명령으로 외국에 가서 임무를 수행하는 신하)을 보낼 것을 약속하고는 고려에서 거란군을 물러나게 했어요. 그뿐 아니라 압록강 동쪽의 '강동 육주'까지 돌려받았지요.

거란군이 물러가고 십여 년이 흘렀어요. 강감찬은 개경으로 돌아와 왕을 가까이에서 모시게 되었어요.

"거란이 다시 쳐들어올지 모르니 준비를 해야 합니다."

강감찬은 몇 번이나 거란의 침입에 대비해야 한다고 말했어요. 하지만 다른 대신들은 그 말을 들으려고 하지 않았지요.

"쓸데없는 말로 왕과 백성들을 불안하게 만들지 마시오!"

강감찬은 한숨을 쉬었어요.

'대신들이 눈앞의 편안함을 좇느라 왕의 눈과 귀를 가리고 있으니, 이를 어찌하면 좋단 말인가.'

1010년, 강감찬이 걱정한 대로 거란이 다시 고려에 쳐들어왔어요. 거란군은 순식간에 개경 바로 앞까지 내려왔어요. 현종과 신하들은 깜짝 놀라 발만 동동 굴렸지요. 싸워 보지도 않고 항복하자는 신하들도 많았어요.

그때 강감찬이 침착하게 말했어요.
"지금 항복하면 우리는 영원히 거란의 노예가 되고 말 것입니다. 당장은 저들의 기세를 꺾기가 힘드니, 잠시 남쪽으로 피했다가 기회를 보아 군사를 모으는 것이 좋겠사옵니다."

현종은 강감찬의 말을 따라 남쪽으로 피난을 떠났어요. 그리고 얼마 후, 거란군이 개경에 들어왔어요. 거란군은 사람들을 죽이고 값나가는 물건들을 훔친 다음, 불을 질렀어요. 거란군이 지나간 곳에는 고려 백성들의 울음소리만 남았지요.

백성들을 두고 피난을 떠난 현종도 마음이 편하지는 않았어요. 현종은 거란에 사신을 보내, 자신이 직접 항복하러 갈 테니 군사를 거두라고 부탁했어요. 고려까지 먼 길을 온 데다 계속된 전쟁으로 지친 거란군은 현종의 말을 받아들여 돌아갔지요.

　피난 생활을 마치고 개경에 돌아온 현종은 거란에 맞설 힘을 기르는 데 최선을 다했어요. 수많은 백성이 목숨을 잃고 수도가 불타는 일을 다시 겪을 수는 없었으니까요. 강감찬은 현종의 명령으로 곳곳에 튼튼한 성을 쌓고, 병사들을 훈련시키며 거란의 침입에 대비했어요.

1018년에 거란이 세 번째로 고려에 쳐들어왔어요. 거란의 장군 소배압은 강동 육주를 도로 내놓으라며 십만여 명의 군대를 이끌고 압록강을 넘었어요.

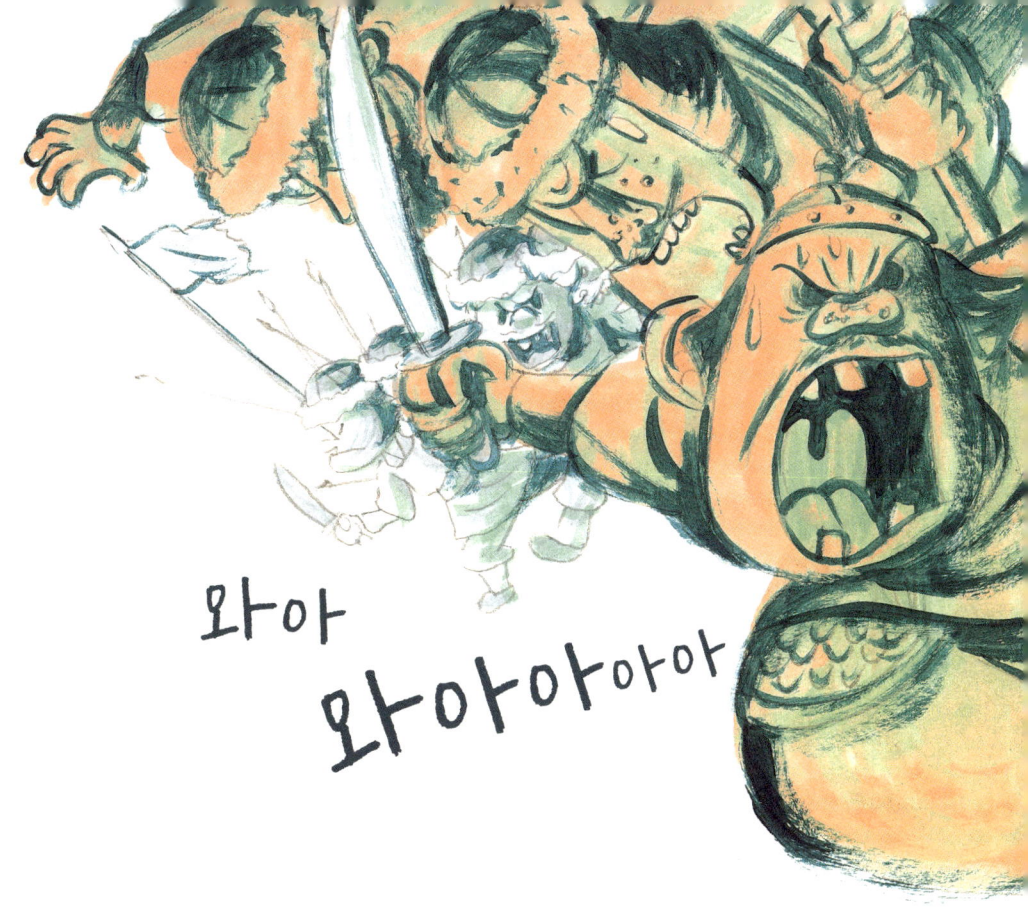

　현종은 강감찬에게 군사를 주어 거란에 맞서게 했어요.
　"강감찬을 상원수(고려 시대에 군대를 이끌던 대장)로 임명하노라. 거란으로부터 나라와 백성을 지키라!"
　일흔한 살의 강감찬은 흰 수염을 휘날리며 전쟁터로 나갔어요.

강감찬이 이끄는 고려군은 강동 육주의 하나인 흥화진으로 향했어요. 흥화진은 거란군이 개경으로 가려면 꼭 거쳐야 하는 중요한 곳이었거든요.

흥화진 주변을 둘러본 강감찬은 한 가지 꾀를 냈어요. 군사들에게 소의 가죽을 모아 질긴 밧줄로 꿰매게 한 후, 흥화진 동쪽에 있는 강물을 막아 둔 거예요. 그러고는 부원수(상원수 다음가는 군대의 지도자) 강민첨에게 병사 일만 이천 명을 주어 동쪽 골짜기에 숨어 있게 했어요.

잠시 후 거란군이 흥화진으로 몰려왔어요.

"으하하! 강물이 이토록 얕다니. 이건 틀림없이 하늘이 우리를 돕는 것이다! 단숨에 건너자!"

거란군은 거침없이 강을 건넜어요.

거란군이 강 한가운데에 이르렀을 때였어요. 갑자기 콰르릉거리는 소리와 함께 산더미 같은 물이 밀려 내려왔어요.
"어이쿠! 사람 살려!"
별안간 벌어진 물난리에 거란군이 허둥대는 사이, 골짜기에 숨어 있던 고려군이 공격을 시작했어요.

거란군은 밀어닥친 물에 휩쓸려 죽고, 고려군의 창칼에 죽었어요. 고려의 대승리였어요!

"강감찬의 꾀에 내가 속았구나. 어서 피하라!"

간신히 목숨을 건진 소배압은 남은 군사들을 이끌고 개경으로 향했어요. 개경을 차지하고 왕을 사로잡으면 흥화진에서 패배한 것을 뒤집을 수 있다고 생각했지요.

하지만 강감찬은 이미 소배압의 계획을 꿰뚫어 보고 있었어요. 벌써부터 일만여 명의 군사들을 시켜 개경을 지키게 했지요. 또 개경 주변에 사는 백성들을 모두 성 안으로 들어오게 하고, 거란군이 지나는 길에는 쌀 한 톨 남겨 두지 않았어요.

먹을 것을 구할 수 없게 된 소배압과 거란군은 점점 초조해졌어요. 아무리 공격을 해도 개경은 꿈쩍도 하지 않았고, 뒤에서는 강감찬이 이끄는 고려군이 쫓아오고 있었으니까요.

"이거 큰일 났다. 독 안에 든 쥐 꼴이 되었어."

결국 소배압은 후퇴를 명령했어요. 하지만 강감찬은 거란군을 순순히 보내 줄 생각이 없었지요.

강감찬은 거란군이 도망치는 길목마다 군사를 숨겨 놓았다가 공격을 퍼부었어요. 귀주 벌판에 이르렀을 쯤에는 십만여 명의 거란군 중 겨우 육만여 명만 남아 있었지요.

 강감찬은 이번에야말로 거란군을 단단히 혼내서, 다시는 고려를 넘보지 못하게 할 생각이었어요. 거란군도 이제는 지면 죽음밖에 없었기 때문에 죽기 살기로 덤벼들었지요. 싸움은 점점 치열해졌어요.

"나라의 운명이 우리 손에 달려 있다! 고려의 군사들아, 용감하게 나가서 싸우자!"

강감찬은 맨 앞에 서서 군사들을 지휘했어요. 그 모습이 꼭 성난 호랑이 같았지요.

"거란과 소배압은 고려가 얼마나 강한 나라인지 똑똑히 보아라!"

거란군은 조금씩 무너지기 시작했어요. 마침내 소배압이 말 머리를 북쪽으로 돌리자, 거란군은 싸울 의지를 잃고 도망치기 바빴지요.

고려군은 거란군을 악착같이 뒤쫓았어요. 귀주 벌판은 거란군의 시체로 새까맣게 뒤덮였지요. 십만여 명의 거란군 중에 살아 돌아간 수는 수천 명에 지나지 않았어요.

이 싸움을 '귀주 대첩'이라고 해요. 귀주에서 거둔 큰 승리라는 뜻이지요. 이후 거란은 다시는 고려에 쳐들어오지 못했어요.

강감찬이 개경으로 돌아오자 현종이 친히 마중을 나왔어요. 현종은 강감찬의 투구에 금으로 만든 꽃 여덟 송이를 꽂아 주며 말했어요.

"장군이 고려를 구했소!"

강감찬은 겸손히 대답했어요.

"여러 장수와 군사들이 죽음을 각오하고 싸운 덕분입니다. 그들의 공을 칭찬하시옵소서."

현종은 오색 비단으로 천막을 치고 승리를 축하하는 큰 잔치를 벌였어요. 강감찬과 장수들에게는 일일이 술을 따라 주며 칭찬했지요.

잔치가 한창 무르익었을 무렵, 강감찬이 슬그머니 일어나더니 곁에서 시중을 들던 내관을 불렀어요.

　"무슨 일이옵니까, 장군님?"

　강감찬은 주위를 살핀 뒤, 조용히 말했어요.

　"밥그릇을 열어 봤더니 빈 그릇이더구나. 아마도 너희가 실수를 한 듯싶다."

　"아이고, 장군님! 죽을죄를 지었습니다. 한 번만 용서해 주십시오."

　내관은 얼굴이 파래져서 잘못을 빌었어요.

하하하, 별일 아니니 걱정하지 마라.

"걱정할 것 없다. 내가 시키는 대로 하여라."

다시 자리로 돌아온 강감찬은 아무 일 없다는 듯 사람들과 어울렸어요. 그때 내관이 강감찬의 곁으로 다가와 말했어요.

"장군님, 진지가 식은 듯하니 바꿔 드리겠습니다."

빈 밥그릇을 들고 나간 내관은 곧 따뜻한 밥이 소복한 그릇을 가져다주었어요.

십만여 명의 거란군을 벌벌 떨게 한 강감찬이지만, 아랫사람들에겐 한없이 너그러웠지요.

강감찬은 어려서부터 작은 키와 못생긴 얼굴 때문에 놀림을 당하는 일이 많았어요. 하지만 그런 데 굴하지 않고 열심히 글과 무예를 익혀, 백성들의 존경을 한 몸에 받는 큰 인물이 되었지요.

강감찬은 거란으로부터 나라를 구한 용감한 장군이었고, 백성들을 아끼고 사랑한 훌륭한 관리였어요. 1031년 강감찬이 여든네 살의 나이로 죽자, 나라에서는 강감찬의 공을 칭찬하고 기리기 위해 '인헌'이라는 이름을 내렸어요. 백성들도 삼층 석탑을 세워 강감찬을 존경하는 마음을 표현했지요.

♣ 사진으로 보는 강감찬 이야기 ♣

큰 별이 떨어진 곳, 낙성대

　서울시 관악구 봉천동에 있는 낙성대는 강감찬이 태어난 곳이에요. 강감찬이 태어나던 날, 하늘에서 큰 별이 떨어졌다고 해서 낙성대라는 이름이 붙었지요.

왼쪽 사진은 낙성대에 있는 안국사예요. 1974년에 강감찬의 영정을 모시려고 이 사당을 세웠지요. 오른쪽 사진은 낙성대에 있는 강감찬 동상이에요.

강감찬은 거란의 침입을 막아 냈을 뿐 아니라, 백성들을 다스리는 데도 많은 노력을 기울여 존경을 받았어요. 백성들은 강감찬의 공을 기리고, 감사하는 마음을 표현하기 위해 강감찬의 집터에 삼층 석탑을 세웠지요. '강감찬 탑'이라고도 불리는 이 탑은 현재 약간 자리를 옮겨 강감찬 장군의 영정(제사 때 쓰는, 사람의 얼굴을 그린 그림)을 모신 안국사에 자리하고 있어요.

안국사 정원에 있는 삼층 석탑이에요. 임진왜란 때 왜군들이 탑 안의 보물을 훔쳐 갔다는 이야기가 전해져요.

강감찬 축제 때 거리 퍼레이드를 하는 모습이에요.

2016년부터는 매년 가을 '강감찬 축제'가 열려요. 이날에는 강감찬 장군과 군사들로 분장한 사람들이 낙성대 일대를 행진하는 모습을 볼 수 있지요.

강감찬에 관한 설화들

재주가 남달랐던 강감찬에게는 유난히 재미있는 설화들이 많아요. 설화란 실제로 있지 않은 일을 사실처럼 꾸며 말하는 신화나 전설, 민담 등을 말하지요.

강감찬이 태어났을 때 큰 별이 떨어졌다는 것도 강감찬 설화 중 하나예요. 또 태몽을 꾼 강감찬의 아버지가 여우 여인과 만나서 낳은 아이가 강감찬이라는 이야기도 있지요.

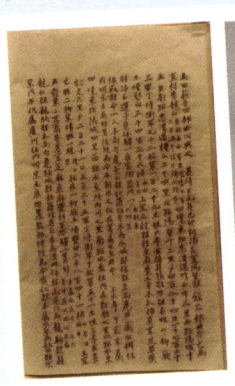 

강감찬이 태어났을 때 큰 별이 떨어졌다는 낙성대 설화가 담긴 《세종실록지리지》(왼쪽)와 《신증동국여지승람》(오른쪽)이에요. 두 책 모두 국가를 다스리는 데 필요한 여러 가지 지역 정보를 담은 지리책이에요.

강감찬의 얼굴과 관련된 흥미로운 설화도 있어요. 강감찬은 본래 얼굴이 잘생겼는데 그 얼굴로는 큰일을 할 수 없다 하여 일부러 천연두를 앓게 하는 마마 신을 불러 얼굴을 얽게 했다는 이야기예요. 또 강감찬의 아버지가 못생긴 아들이 창피해 친구 딸의 결혼식에 데려가지 않자, 강감찬이 몰래 결혼식에 가서 신랑으로 둔갑한

귀신을 물리쳤다는 이야기도 있네요. 참 재미있지요.
　벼슬에 나간 뒤에는 백성들에게 해를 끼치는 동물들을 없앤 이야기가 많이 전해져요. 수백 년이나 산 호랑이가 스님으로 변신해 길 가는 사람들을 해치자 편지로 호랑이를 불러 크게 꾸짖어 물리쳤다는 이야기가 유명하지요.

자랑스러운 삼대 대첩

　삼면이 바다인 데다 북쪽으로 중국 대륙과 접한 우리나라는 예부터 다른 나라의 침입을 자주 받았어요. 하지만 그럴 때마다 왕과 백성들이 모두 하나가 되어 잘 막아 냈지요. 그중 살수 대첩, 귀주 대첩, 한산도 대첩은 우리나라의 삼대 대첩으로 불려요.
　살수 대첩은 고구려 영양왕 때인 612년에 고구려와 중국 수나

1982년에 나온 '강감찬의 귀주 대첩' 우표예요. 여기 실린 그림은 고려군이 거란군과 싸우는 장면을 담은 기록화죠.

라가 살수(오늘날 북한의 청천강)에서 벌인 싸움을 말해요. 수나라가 이백만여 명의 군대를 이끌고 쳐들어오자, 을지문덕 장군이 지휘한 고구려군이 살수에서 기다리고 있다가 수나라의 군대 삼십여 만 명을 단숨에 무찔렀지요.

한산도 대첩은 1592년 조선 선조 때 한산도 앞바다에서 이순신 장군이 왜군에 크게 이긴 싸움이에요. 이 싸움에서 이순신 장군은 왜군의 배 수십 척을 가라앉히고 열두 척을 사로잡아 조선 수군의 힘을 보여 주었지요.

거란의 침입을 물리친 고려

거란은 4세기부터 요하(지금의 중국 둥베이 지방에 있는 랴오허강) 상류에서 말과 양 같은 가축을 키우며 살았어요. 여러 부족으로

요나라의 전사상이에요. 중국 네이멍구 자치구 옹우 특기 박물관에 전시되어 있어요. 고려 때 거란군의 모습을 그려 볼 수 있지요.

흩어져 살던 거란은 916년 야율아보기에 의해 하나의 나라를 이루었어요. 야율아보기는 926년 발해를 쳐서 무너뜨리고, 948년 나라 이름을 '거란국'에서 '요'로 바꾸었지요.

이후 거란은 고려에 여러 차례 쳐들어왔어요. 일 차 침입은 993년, 고려가 중국의 송나라와 가까이 지내는 것을 트집 잡아 일어났어요. 하지만 서희라는 지혜로운 신하가 거란을 잘 설득해 화해를 이끌어 냈지요.

고려 서희 장군의 흉상이에요. 전쟁 기념관에 전시되어 있어요.

1010년 거란의 이 차 침입 때에는 왕이 피난을 가고 개경이 불타는 등 큰 피해를 입었어요. 그 후 고려의 백성들은 하나로 똘똘 뭉쳐 거란에 맞설 힘을 길렀어요.

1018년 삼 차 침입 때는 거란을 크게 무찔렀어요. 특히 강감찬은 흥화진과 귀주에서 큰 승리를 거두어, 거란이 다시는 고려를 넘보지 못하게 했답니다.

함께 보면 쏙쏙 이해되는 역사

◆ 948년
금주(지금의 서울)에서
태어남.

◆ 983년
과거에 급제해 벼슬에
오름.

940 **980**

◆ 1010년
거란이 또 쳐들어오자
현종에게 나주로 피할
것을 주장함.

◆ 1018년
흥화진에서 물을 끌어다
쓰는 공격으로 거란군을
물리침.

◆ 1019년
귀주 대첩에서 거란군을
크게 무찌름.

1010 **1015**

• 1010년
거란의 제2차 고려 침략.
현종이 피난 가고,
수도인 개경이 불에 탐.

• 1018년
거란의 제3차 고려 침략.

◆ 강감찬의 생애
● 고려 거란 전쟁의 역사

990

993년
거란의 제1차 고려 침략.

994년
서희의 담판으로 거란이 물러나고 압록강 동쪽 지역인 '강동 육주'를 돌려받음.

1000

1009년
현종이 고려 제8대 왕에 오름.

1031년
여든네 살의 나이로 세상을 떠남.

1030

추천사

「새싹 인물전」을
펴내면서

요즈음 아이들에게 '훌륭한 사람'이 누구냐고 물으면 '돈 많이 버는 사람'이라고 대답한다고 합니다. 초등학생의 태반은 가수나 배우가 되고 싶어 하고요. 돈 많이 버는 사람이나 연예인이라는 직업이 나쁘다는 것이 아니라, 아이들이 각자가 갖고 있는 재능과는 상관없이 모두 똑같은 꿈을 갖는 것 같아 걱정입니다. 또 한편으로는 아이들이 진정 마음으로 닮고 싶은 사람에 대한 정보가 부족한 것은 아닌가 하는 생각도 듭니다.

어릴수록 위인 이야기의 힘은 큽니다. 아직 어리고 조그마한 아이들은 자신이 보잘것없다고 생각하고 위인들의 성공에 감탄합니다. 하지만 그네들에게는 끝없이 열린 미래가 있습니다. 신화처럼 빛나는 위인들의 모습은 아이들에게 훌륭한 역할 모델이 되고, 그런 삶을 살기 위해 무엇을 어떻게 해야 할지를 알려 주는 밝은 등대가 됩니다.

그렇다면 우리가 어른으로서 아이들에게 권해야 할 위인전은 무엇일까요? 보통 우리가 생각하는 '위인'은 훌륭한 업적을 남긴

위대한 사람, 멋지고 능력 있는 사람입니다. 하지만 시대가 변했으니 아이들이 역할 모델로 삼을 수 있는 위인의 정의나 기준도 변해야 할 것입니다.

그런 의미에서 비룡소의 「새싹 인물전」은 종래의 위인전과는 다른 점이 많습니다. 시리즈 이름이 '위인전'이 아닌 '인물전'이라는 데 주목하기 바랍니다. 「새싹 인물전」은 하늘에서 빛나는 위인을 옆자리 짝꿍의 위치로 내려놓습니다. 만화 같은 친근한 일러스트는 자칫 생소할 수 있는 옛사람들의 이야기를 일상에서 만날 수 있는 재미있는 사건처럼 보여 줍니다.

또 하나, 「새싹 인물전」에는 위인전에 단골로 등장하는 태몽이나 어린 시절의 비범한 에피소드, 위인 예정설 같은 과장이 없습니다. 사실 이런 이야기들은 현대를 사는 아이들에게는 황당하고 이해하기 힘든 일일 뿐입니다. 그보다는 천 리 길도 한 걸음부터, 큰 성공도 자잘한 일상의 인내와 성실함이 없었다면 이루어질 수 없었다는 것을 알려 주는 것이 중요합니다. 세상 사람들의 우러름을 받는 이들도 여느 아이들과 같은 시절을 겪었음을 보여 줌으로써, 아이들에게 괜한 열등감을 주지 않고 그네들의 모습을 마음속에 담을 수 있도록 해 주는 것입니다.

 덧붙여 위인전이란 그 인물이 얼마나 훌륭한 업적을 남겼는가 보여 주는 것도 중요하지만, 얼마나 참된 인간다움을 보였는가를 알려 줄 필요도 있습니다. 여기서 '인간다움'이란 기본적인 선함과 이해심, 남을 위해 봉사할 수 있는 사랑과 배려, 그리고 한 가지 목표를 설정하고 앞으로 나아갈 수 있는 의지와 용기를 말합니다. 성취라는 결과보다는 성취하기 위한 과정을 보여 주고, 사회적인 성공보다는 한 인간으로서 얼마나 자기 자신에게 철저하고 진실했는지를 보여 주는 것이 중요하다는 것입니다.

 하지만 아무리 좋은 가르침도 사랑과 따뜻함이 없으면 억누름과 상처가 될 뿐이겠지요. 「새싹 인물전」은 나의 노력과 의지에 따라 얼마든지 의미 있는 삶을 살 수 있음을 알려 줍니다. 내가 알고 있는 삶 외에도 또 다른 삶이 존재할 수 있다는 것, 꿈을 키우고 이루어 가는 과정에서 배우고 경험하게 되는 것들의 가치, 그런 따뜻함을 담고 있는 위인전입니다. 부디 이 책이 삶의 첫발을 내딛는 아이들에게 좋은 길잡이가 되었으면 하는 바람입니다.

기획 위원
박이문(전 연세대 교수, 철학)
장영희(전 서강대 교수, 영문학)
안광복(중동고 철학 교사, 철학 박사)

- 사진 제공

  52쪽, 53쪽(위)_ 두산 엔싸이버 포토 박스. 53쪽(아래), 56, 57쪽_ 연합 뉴스.
  54쪽(왼쪽)_ 용인시 박물관. 54쪽(오른쪽)_ 국립 중앙 박물관. 55쪽_ 대한민국 역사 박물관.

글쓴이 한정기

1996년 부산일보 신춘문예에 동화 『작은 불꽃』으로 등단했다. 2005년 『플루토 비밀결사대』로 황금도깨비상을, 같은 해 『큰아버지의 봄』으로 5.18 어린이 문학상을 받았다. 쓴 책으로 『나는 브라질로 간다』, 『멧돼지를 잡아라』, 『깡깡이』, 『남극에서 온 편지』, 『안녕, 여긴 열대 바다야』 등이 있다.

그린이 이홍기

만화를 그리고 어린이 책에 그림을 그린다. 극장용 장편 애니메이션 「아치와 씨팍」에서 캐릭터 디자인과 배경 콘셉트 작업을 했고, 어린이 잡지 《고래가 그랬어》에 「불한당들의 세계사」와 「마꼬야 힘내!」 등을 연재했다. 그린 책으로 『허준』, 『나도 저작권이 있어요!』 등이 있다.

새싹 인물전 **강감찬**
009

1판 1쇄 펴냄 2008년 12월 1일   1판 14쇄 펴냄 2020년 5월 22일
2판 1쇄 펴냄 2021년 5월 28일   2판 2쇄 펴냄 2022년 5월 30일

글쓴이 한정기   그린이 이홍기
펴낸이 박상희   편집장 전지선   편집 김솔미   디자인 박연미, 신현수
펴낸곳 (주)비룡소   출판등록 1994.3.17. (제16-849호)
주소 06027 서울시 강남구 도산대로1길 62 강남출판문화센터 4층
전화 영업 02)515-2000 팩스 02)515-2007 편집 02)3443-4318, 9   홈페이지 www.bir.co.kr
제품명 어린이용 각양장 도서   제조자명 (주)비룡소   제조국명 대한민국   사용연령 3세 이상

ⓒ 한정기, 이홍기, 2008. Printed in Seoul, Korea.

ISBN 978-89-491-2889-4 74990
ISBN 978-89-491-2880-1 (세트)

「새싹 인물전」 시리즈

001	최무선	김종렬 글 이경석 그림	031	유관순	유은실 글 곽성화 그림
002	안네 프랑크	해리엇 캐스터 글 헬레나 오웬 그림	032	알렉산더 벨	에마 피지엘 글 레슬리 뷔시커 그림
003	나운규	남찬숙 글 유승하 그림	033	윤봉길	김선희 글 김홍모·임소희 그림
004	마리 퀴리	캐런 월리스 글 닉 워드 그림	034	루이 브라유	테사 포터 글 헬레나 오웬 그림
005	유일한	임사라 글 김홍모·임소희 그림	035	정약용	김은미 글 홍선주 그림
006	윈스턴 처칠	해리엇 캐스터 글 린 윌리 그림	036	제임스 와트	니컬라 백스터 글 마틴 렘프리 그림
007	김홍도	유타루 글 김홍모 그림	037	장영실	유타루 글 이경석 그림
008	토머스 에디슨	캐런 월리스 글 피터 켄트 그림	038	마틴 루서 킹	베르나 윌킨스 글 린 윌리 그림
009	강감찬	한정기 글 이홍기 그림	039	허준	유타루 글 이홍기 그림
010	마하트마 간디	에마 피지엘 글 리처드 모건 그림	040	라이트 형제	김종렬 글 안희건 그림
011	세종 대왕	김선희 글 한지선 그림	041	박에스더	이은정 글 곽성화 그림
012	클레오파트라	해리엇 캐스터 글 리처드 모건 그림	042	주몽	김종렬 글 김홍모 그림
013	김구	김종렬 글 이경석 그림	043	광개토 대왕	김종렬 글 탁영호 그림
014	헨리 포드	피터 켄트 글·그림	044	박지원	김종광 글 백보현 그림
015	장보고	이옥수 글 원혜진 그림	045	허난설헌	김은미 글 유승하 그림
016	모차르트	해리엇 캐스터 글 피터 켄트 그림	046	링컨	이명랑 글 오승민 그림
017	선덕 여왕	남찬숙 글 한지선 그림	047	정주영	남경완 글 임소희 그림
018	헬렌 켈러	해리엇 캐스터 글 닉 워드 그림	048	이호왕	이영서 글 김홍모 그림
019	김정호	김선희 글 서영아 그림	049	어밀리아 에어하트	조경숙 글 원혜진 그림
020	로버트 스콧	에마 피지엘 글 데이브 맥타가트 그림	050	최은희	김혜연 글 한지선 그림
021	방정환	유타루 글 이경석 그림	051	주시경	이은정 글 김혜리 그림
022	나이팅게일	에마 피지엘 글 피터 켄트 그림	052	이태영	공지희 글 민은정 그림
023	신사임당	이옥수 글 변영미 그림	053	이순신	김종렬 글 백보현 그림
024	안데르센	에마 피지엘 글 닉 워드 그림	054	오드리 헵번	이은정 글 정진희 그림
025	김만덕	공지희 글 장차현실 그림	055	제인 구달	유은실 글 서영아 그림
026	셰익스피어	에마 피지엘 글 마틴 렘프리 그림	056	가브리엘 샤넬	김선희 글 민은정 그림
027	안중근	남찬숙 글 곽성화 그림	057	장 앙리 파브르	유타루 글 하민석 그림
028	카이사르	에마 피지엘 글 레슬리 뷔시커 그림	058	정조 대왕	김종렬 글 민은정 그림
029	백남준	공지희 글 김수박 그림	059	나폴레옹 보나파르트	남찬숙 글 남궁선하 그림
030	파스퇴르	캐런 월리스 글 레슬리 뷔시커 그림	060	이종욱	이은정 글 우지현 그림

061 **박완서** 유은실 글 이윤희 그림
062 **장기려** 유타루 글 정문주 그림
063 **김대건** 전현정 글 홍선주 그림
064 **권기옥** 강정연 글 오영은 그림
065 **왕가리 마타이** 남찬숙 글 윤정미 그림
066 **전형필** 김혜연 글 한지선 그림

* 계속 출간됩니다.